LE
FANION NOIR

ÉPISODE

DE

LA DÉFENSE NATIONALE RÉPUBLICAINE

Pour servir à l'histoire du libéralisme Boulonnais

PAR UN RURAL.

BOULOGNE-SUR-MER.

IMP. DE CHARLES AIGRE, 4, RUE DES VIEILLARDS.

—

1872.

LE FANION NOIR.

En attendant que le temps soit venu de donner au public, avec tous les développements convenables, l'histoire du *Fanion noir*, présenté solennellement au bataillon des Mobilisés de Boulogne, le 12 janvier 1871, par M. L. St-Gest, économe de l'Hospice, on a cru qu'il ne serait peut-être pas inutile d'en consigner les pièces justificatives dans une brochure spéciale.

Tel est le but de cette publication.

I

Et d'abord, qu'est-ce qu'un *Fanion?* Voici comment la chose est définie par le Dictionnaire de l'Académie :

FANION, s. m. Terme de guerre. Espèce d'étendard de serge qu'un valet porte à la tête des équipages d'une brigade. *Le fanion est de la couleur des livrées du brigadier.*

II

On lit dans le *Progrès du Pas-de-Calais,* journal républicain de Boulogne, du 13 janvier 1871 :

C'est aujourd'hui, 12, à trois heures après-midi, qu'a été remis au bataillon des Mobilisés de Boulogne le Fanion d'honneur à lui offert par la population de notre ville, au moyen d'une souscription publique.

Le Comité républicain, parti de la Sous-Préfecture, s'est rendu sur la promènade de la Bienfaisance, où le bataillon s'était formé en carré.

Là, M. St-Gest, président, a présenté aux soldats ce Fanion, témoignage d'estime et d'affection de leurs concitoyens, et a prononcé d'une voix émue les paroles suivantes :

Officiers et soldats,

En offrant au commandant Schrœder, pour le service de votre bataillon, le fanion que nous avons l'honneur de vous présenter au nom du Comité républicain dont nous sommes les délégués, nous avons voulu lui donner, et à vous tous qui êtes confiés à ses soins et à sa bravoure, un gage de nos meilleures sympathies.

Notre espoir est que, sous votre garde, il devienne pour votre bataillon un glorieux souvenir.

Dans peu de jours, sans doute, vous serez loin de nous, exposés à toutes les chances de cette terrible guerre, de cette guerre impie que nous a léguée un pouvoir aussi imprévoyant que coupable.

Notre pensée, nos vœux vous accompagneront.

Soldats d'hier, vous pouvez être vaincus aujourd'hui, mais demain vous serez vainqueurs si, en dignes enfants de la France, vous n'oubliez pas que vous combattez pour vos familles, vos foyers, votre indépendance.

Ne vous laissez donc jamais abattre.

Dans les revers, frappez fort ; dans la victoire, frappez plus fort ; ne mettez votre arme au repos que quand tout est fini, vous avez en présence un ennemi sans pitié.

Et si, au milieu des dangers et des horreurs des batailles, vous vous sentiez quelques défaillances au cœur, retrempez votre courage dans ce cri de vos pères, alors que, seuls, ils eurent à lutter contre les armées coalisées de toute l'Europe, retrempez votre courage dans ce cri qui, aujourd'hui encore, est celui de tout homme qui aime son pays.

Presque tous les assistants se sont unis à M. St-Gest quand, terminant son improvisation, l'honorable président a poussé d'un accent convaincu les cris de : *Vive la France ! Vive la République !*

En quelques mots énergiques, M. le commandant Schrœder a rappelé au bataillon les devoirs et les vertus qui font le véritable soldat

Une affluence considérable assistait à cette opération et prouvait, par son attitude sympathique, l'intérêt que tous nos concitoyens témoignent à leurs frères et amis du bataillon mobilisé.

Un incident regrettable s'est cependant produit : Un sieur D , ayant insulté à haute voix le gouvernement de la République, faillit être mis en pièces par les assistants.

L'intervention de la force armée fut nécessaire pour le protéger contre l'indignation générale.

III

On lit dans l'*Impartial* de Boulogne, du 14 janvier, la lettre suivante :

A Monsieur l'éditeur de l'Impartial.

Monsieur l'éditeur,

Je suis un mobilisé.

Répondant au suprême appel de ma patrie en danger,

j'ai laissé là mon commerce, une petite industrie qui m'aurait assuré le pain de mes vieux jours ;

Je me suis habillé et souvent nourri à mes dépens ; j'ai couché sur la paille et fait l'exercice par dix degrés de froid ;

J'ai marché « gauche, droite, » tant que mon capitaine l'a voulu, dans la boue, la neige et la misère ;

Jamais je ne me suis plaint ;

Par ce temps de république et d'égoïsme, il faut bien faire quelque chose pour son pays ;

Demain, je partirai, à la suite de mes chefs, pour aller où il leur plaira, et je désire bien vivement que ce soit du côté où les Prussiens sont attendus.

Mais cependant, avant de partir, je viens me plaindre et vous prier, monsieur l'éditeur, de faire parvenir ma plainte à qui de droit.

Durant le cours de mes exercices, j'ai bien des fois porté les armes et rendu les honneurs militaires à mes chefs et aux autorités civiles, toutes les fois que l'occasion s'en est présentée ; c'est la consigne, et j'ai trop bien le sentiment des devoirs militaires pour y manquer.

Cependant, on vient de nous faire subir une étrange cérémonie. Le Président de je ne sais quel comité d'*initiative libre*, dit comité républicain, un homme d'un certain âge, sans galons, sans képi d'ordonnance, sans rien de militaire ni d'administratif, au moins quant aux apparences (on m'a dit depuis que c'est M. St-Gest, économe de l'hospice), est venu solennellement nous remettre un fanion, en nous faisant une harangue, et, pour cet objet, l'on nous a fait réunir sous les armes et former en bataillon carré sur l'Esplanade.

Je m'y perds. Pourquoi est-ce que M. le Maire de Boulogne, ou M. le Sous-Préfet, ou un chef militaire quelconque n'est pas venu nous remettre ce fanion ? Pourquoi est-ce que cet honneur a été dévolu à un particulier, quelque respectable qu'il puisse être ? Pourquoi nous fait-on prendre les armes et former en bataillon carré pour recevoir d'un particulier l'offrande d'un fanion ?

Quelle singulière hiérarchie de pouvoirs y a-t-il donc sous la République ?

Il y a plus, pourquoi ce fanion qui nous a été remis n'est-il pas, suivant l'usage, aux couleurs nationales ? Pourquoi nous l'a-t-on donné de couleur noire ? Nos parents et nos amis qui nous verront défiler demain sous cette funèbre enseigne ne seront-ils pas lugubrement impressionnés ? Excusez-moi de n'en pas dire davantage, le clairon sonne.

Recevez, monsieur l'éditeur, etc.

Un mobilisé.

IV

L'article suivant, de l'*Impartial* du 18 janvier, n'a qu'un rapport indirect avec l'histoire du *Fanion noir;* mais on ne peut se dispenser de le reproduire ici pour l'intelligence de la pièce VI.

Nous lisons dans le *Progrès*, journal républicain de Boulogne, qui a fait jusqu'ici étalage d'un ardent libéralisme :

Dans sa séance du 10 janvier courant, le conseil municipal de Roubaix a voté une somme de 4,000 fr. pour l'ambulance des mobilisés de la ville.

Avis à nos conseillers.

Quand donc le gouvernement se décidera-t-il à faire pour les conseils municipaux ce qu'il a effectué pour les assemblées départementales et les conseils d'arrondissement ?

Une commission municipale aurait, ce nous semble, autant d'autorité sur les populations que certains conseils nommés comme celui de Boulogne par la dixième partie des électeurs.

Les voilà bien peints dans toute la complète vérité de leurs sentiments, ces incorrigibles despotes qui ne rêvent qu'après le moment d'asservir tout le monde à leur domination. Tant que le suffrage universel était debout, et que le vote des électeurs se prononçait contre eux, ils accusaient l'autorité de corrompre les suffrages. Aujourd'hui qu'ils se sont établis les maîtres, ils brisent hardiment les urnes du scrutin, ils proclament que la République est le régime du bon plaisir de M. Gambetta, et ils demandent à grands cris que le gouvernement fasse de l'arbitraire à tous les degrés de l'échelle administrative.

Lorsque les vingt-et-un du comité républicain, renforcés par une dizaine de recrues, choisies parmi tout ce qu'il y a de plus notable sur la liste des quarante-deux (1), auront reçu du gouvernement le mandat nécessaire pour siéger à l'Hôtel-de-Ville, tout ira pour le mieux dans la meilleure des républiques !

Cette commission municipale, à l'instar de la Commune de Lyon, lèvera des impôts, fera des réquisitions, disposera à son gré des fonds publics, et aura non-seulement autant, mais bien plus *d'autorité sur les populations* que les conseillers librement élus par le suffrage de leurs concitoyens.

---

(1) Les 42 signataires du manifeste anti-plébiscitaire, où l'on reprochait au gouvernement impérial « la dette publique « accrue de cinq milliards, l'abaissement du prestige national, « le Mexique et Sadowa. » On y trouve les noms de MM. Ansart-Rault, Biot, Alph. Denempont, Focheux, D. Henry, C. Lagache, H. Marchand, Jules Petit, conseillers municipaux du 30 avril. M. St-Gest, en ce temps-là, n'a signé ni *oui* ni *non*.

Du moment qu'il ne s'agit que d'avoir de *l'autorité sur les populations*, autant supprimer toute espèce de commission et de conseil, en remplaçant le tout par un commissaire de la République, avec plein pouvoir de couper, trancher, tailler dans le vif, brûler le vert et le sec ; ce sera beaucoup plus simple. On n'aura pas la peine de délibérer.

M. St-Gest, par exemple, ne sera pas gêné pour décider tout seul, et il ne manquera ni de prestige, ni *d'autorité sur les populations*.

V

Sous le titre : *Un Foudre d'éloquence*, on lit dans l'*Impartial* du 21 janvier :

Le hasard vient de nous faire tomber sur un morceau oratoire qui nous paraît frappé au coin de la plus grande originalité, et dans lequel la justesse des pensées républicaines, l'éclat du style libre, la chaleur du sentiment pathétique se disputent l'honneur de captiver celui qui est assez heureux pour en prendre lecture. Quelle n'a donc pas dû être, par conséquent, l'émotion de ceux qui ont entendu ces vigoureuses paroles sortir vibrantes de la bouche de l'orateur, alors que, posant devant eux dans l'attitude du fier Agamemnon, il haranguait les soldats mobilisés, à qui il apportait en présent le drapeau noir : *sic ille manus, sic ora ferebat.*

« Officiers et soldats, » s'écria-t-il, de sa voix la plus retentissante, quoiqu'un peu enrouée par l'âge et légèrement chevrotante d'émotion, « Officiers et soldats, »

En offrant à votre commandant pour le service de votre bataillon, le fanion que nous avons l'honneur de vous présenter, au nom du comité Républicain, dont nous sommes les délégués, nous avons voulu *lui* donner, et à vous tous qui êtes confiés à *ses* soins et à *sa* bravoure, un gage de nos meilleures sympathies.

Ce début est lourd. La période s'y traîne asthmatique et tussilagineuse, comme une tisane au lichen d'Islande ; mais ce désordre est un pur effet de l'art. Il fallait bien, au début, peindre l'incertitude et l'embarras qui viennent accabler l'orateur sous le poids de la haute mission qu'il avait à remplir. Se trouver en présence d'un bataillon carré tout hérissé de baïonnettes, avec des chefs qui vous regardent fixement dans les yeux en tenant l'épée nue au poing, il y a là pour un civil et, comme on disait au temps jadis, pour un simple pékin sans armes et sans uniforme, plus d'une émotion à éprouver et plus d'un frisson à ressentir.

Aussi, avec quelles précautions infinies la phrase a-t-elle été rembourrée de ouate, pour parer les coups et dissimuler les endroits faibles ! Tout y concourt, même cette amphibologie savante, qui fait que l'écrivain semble broncher dans l'application régulière des pronoms possessifs et se brouiller avec les lois du *son, sa, ses*.

Il ne faudrait pourtant pas s'y tromper : cette modestie si humble n'est qu'apparente, et le délégué du comité républicain ne l'emploie que pour arriver à dire aux mobilisés avec ce ton protecteur et cette bonhomie mielleuse qui le distingue : « Vous avez nos meilleures sympathies. »

Soldats, disait Napoléon Ier, *je suis content de vous.* Ainsi parle le délégué du comité républicain ; et cela doit vous faire bien envie, à vous, pauvres plumitifs de l'*Impartial*, qui n'avez à attendre de ces messieurs que *leurs pires antipathies*, leurs insultes et leur boue !

Notre espoir est que sous votre garde *il devienne* pour votre bataillon un glorieux souvenir.

La langue française demandait impérieusement *il deviendra* ; mais le subjonctif est plus modeste, et les républicains n'aiment pas les entraves.

Arrivons maintenant au corps du discours. De la part d'un soldat, les pensées eussent été entièrement belliqueuses ; mais un civil est tenu à manifester d'autres préoccupations, surtout quand le triste spectacle de ce qu'on a l'habitude de voir dans un hôpital, assombrit les idées. C'est pourquoi, depuis le commencement jusqu'à la fin, la note lugubre y côtoie la note confiante, et la perspective de la défaillance et de la défaite y alterne sans cesse avec celle de la victoire.

Dans peu de jours, sans doute, vous serez exposés à toutes les chances de cette terrible guerre (note lugubre), de cette guerre impie (note plus lugubre), que nous a léguée un pouvoir aussi imprévoyant que coupable (note très lugubre).
Notre pensée, nos vœux vous accompagneront (note confiante).

Que de choses en peu de mots ! Le passé avec ses crimes, le présent avec ses dangers ; l'avenir avec ses chances et avec ses terreurs ; et, par-dessus le marché, la République qui vous accompagne !

Soldats d'hier, vous pouvez être vaincus aujourd'hui (note lugubre), mais vous serez vainqueurs demain (note confiante), si, en dignes enfants de la France, vous n'oubliez pas (note lugubre) que vous combattez pour vos familles, vos foyers, votre indépendance (note très-lugubre).

Jamais Napoléon Ier, dans les nombreuses harangues qu'il a faites à ses troupes, n'a tenu un si fier et si courageux langage ; jamais il ne leur a présenté ainsi bravement et franchement la défaite, les revers, comme le plus sûr chemin de la victoire ; mais aussi Napoléon Ier n'était-il qu'une ganache, et ne connaissait-il rien à l'art d'enthousiasmer le soldat.

Le délégué de la République est plus habile. Il ne leur parlera donc ni de la gloire, ni de la valeur des chefs, ni de la supériorité des armes, ni des quarante siècles qui du haut de ces pyramides les contemplent ; mais il fera sonner la note lugubre, tour à tour avec la note confiante, et il dira : « *Vous serez* VAINCUS *aujourd'hui, mais vous serez* VAINQUEURS *demain.* »

Peut-on imaginer une plus frappante et plus persuasive antithèse ?

C'est de l'austérité virile et forte, de la franchise nette et sincère, une affirmation absolue, quelque chose sur quoi il faut compter inévitablement ; « *Vous serez vaincus ;* » mais aussi, quand vous aurez payé ce tribut à la destinée, alors « *vous serez vainqueurs,* SI, » (toujours la note lugubre) « SI vous n'oubliez pas que vous « combattez pour vos familles, vos foyers, votre « indépendance »

La gradation est digne de remarque, et les mots ont été soigneusement classés par l'écrivain qui, en bon économe, n'a garde d'oublier jamais les poids et mesures. La famille et les foyers viennent en premier lieu, parce que ce sont là des choses dont un bon républicain doit tenir fort peu de compte ; mais ce qu'il faut sauver par-dessus tout, c'est le bien suprême, sans lequel il est impossible de vivre, le bien absolu auquel tout homme doit sacrifier sans regret sa famille et ses foyers ; ce qu'il faut sauver au prix de toutes les défaites, de toutes les ruines, de toutes les misères, de toutes les larmes, de tout le sang, même de celui de sa mère et de sa fille, c'est l'*Indépendance*, c'est-à-dire la République !

Ne vous laissez donc jamais abattre (note confiante). Dans les revers, frappez fort (note lugubre), dans la victoire frappez plus fort (note confiante) ; ne mettez votre arme au repos que quand tout est fini ; vous avez en présence un ennemi sans pitié (note lugubre).

Voilà certes un mouvement d'éloquence qui dépasse tout ce que l'antiquité peut offrir de plus achevé « *Dans les revers frappez fort...*» Qui donc a jamais rien trouvé de plus joli ?

La fin dit le proverbe, couronne l'œuvre. Aussi, écoutons cette péroraison sublime :

Et si au milieu des dangers et des horreurs des batailles (note lugubre), vous vous sentiez quelques défaillances au cœur (toujours note lugubre), retrempez votre courage *dans le cri* de vos pères (note confiante), alors que seuls ils eurent à lutter contre les armées coalisées de toute l'Europe, retrempez votre courage *dans ce cri* qui aujourd'hui encore est celui de tout homme qui aime son pays,

Vive la France ! Vive la République.

Tout le monde, ou à peu près, fut subjugué par le ton inspiré et l'air martial avec lequel ces dernières paroles furent prononcées, mais tandis que les voix enthousiastes de la foule lançaient dans les airs ce cri *dans lequel* doivent se retremper les courages, un malencontreux dissident laissa échapper une exclamation malsonnante, imitée de Cambronne, et dont Victor Hugo dans ses *Misérables*, n'a pas craint de célébrer en propres termes la foudroyante signification.....

Cela jeta un froid dans l'auditoire ; et c'est ainsi qu'un discours qui était plein de hardiesses de style, et qui témoigne en faveur des hautes facultés de son auteur, n'arrivera malheureusement à la postérité qu'avec l'accompagnement d'un fâcheux commentaire. A quoi tient pourtant la célébrité !

VI

La lettre suivante, publiée par la *France du Nord* du 25 janvier, répond aux articles insérés ci-dessus sous les numéros III et IV.

Monsieur le Rédacteur,

Obligez-moi de vouloir bien insérer dans l'un de vos prochains numéros la lettre ci-incluse (1).

Veuillez agréer, etc.

St-Gest

A Monsieur le Rédacteur en chef du journal l'Impartial.

Monsieur l'Abbé,

Si je comprends bien les fonctions d'un rédacteur en chef d'un journal, il assume sur lui la responsabilité de tout article non signé. C'est donc à vous que je m'adresse par rapport à quelques réflexions plus ou moins offensantes que contenait votre feuille de samedi 14 courant.

Depuis un certain temps, je suis le point-de-mire de vos insinuations mauvaises ; je m'y attendais d'autant moins que je suis complètement étranger à tout ce qui est produit par la voie de la presse.

Pour l'article paru sous l'estampille d'un garde mobilisé, je me suis borné à un haussement d'épaules.

Aujourd'hui, vous me piquez trop pour que je garde le silence.

---

(1) Cette lettre n'est jamais parvenue aux mains de celui à qui l'auteur fait semblant de l'avoir adressée.

Ne croyez pas cependant que je descende à des moyens de justification, je n'en ai pas à donner : mes soixante-dix années répondent, je crois, suffisamment de ce que je puis être en ce moment ; cependant, pour être plus certain, depuis votre gracieux article, je me suis tâté, palpé en tous sens, et, malgré mes complaisances pour vous, en moi je ne me reconnais pas l'étoffe d'un Commissaire terrible de mauvaise République ; j'ai seulement constaté à ma grande satisfaction, monsieur l'Abbé, que j'ai beaucoup plus de respect que vous pour mes concitoyens, à quelqu'opinion qu'ils appartiennent.

Dans tous les cas, votre idée de Commissaire de la République n'est pas à rejeter, il serait peut-être à désirer qu'il y en eût un avec assez de puissance pour vous renvoyer déposer vos détestables passions au pied de l'autel, qu'en digne ministre de Dieu vous n'auriez jamais dû déserter.

Vous portez, vous, monsieur, la robe du prêtre sans en remplir la mission toute de douceur et de charité.

Vous êtes en même temps chargé (section d'*éreintement*) de la méchante cuisine d'un journal de cette ville.

Que peut produire un assemblage aussi contraire !

Si les articles de votre feuille sont vus et lus par vos supérieurs ecclésiastiques et civils, je plains notre diocèse et en particulier notre cité. Car, par vos excitations à la haine des citoyens les uns contre les autres, vous pourriez nous préparer un avenir de misères et de malheurs qu'il est toujours sage de conjurer ; c'est, monsieur l'Abbé, le but principal que se sont proposés les Membres du Comité républicain de Boulogne-sur-Mer, dont j'ai l'honneur d'être le Président

Ceci dit, je me dispense de vous saluer.

St-Gest.

VII

L'*Impartial* répliqua le jour même par *Un Mot*
à *M. St-Gest* :

M. St-Gest, économe appointé de l'hospice de Boulogne, ancien conseiller municipal sous Louis-Philippe,
la République et le second Empire, aujourd'hui président
du comité républicain, demande grâce, dans la *France
du Nord*, en faveur de ses soixante-dix ans contre les
« insinuations mauvaises » et les réflexions « plus ou
moins offensantes » que contenait l'*Impartial* du 14 courant. Le pauvre homme en est tellement troublé qu'il ne
s'aperçoit pas que « les réflexions » dont il parle (autant
du moins que nous pouvons démêler quelque chose dans
sa lettre) se trouvent dans le numéro du mercredi 18.

M. St-Gest, qui se prétend « étranger à tout ce qui
est produit par la voie de la presse, » oublie qu'il est le
président du Comité républicain de Boulogne, dont les
membres les plus en vue et les plus lettrés rédigent un
journal quotidien qui s'appelle le *Progrès du Pas-de-
Calais*.

C'est une galère démocratique, où chaque travailleur
porte un numéro qui tient lieu de signature. L'imperson-
nalité complète qui y règne est la meilleure preuve qu'on
puisse donner de la solidarité de tous dans l'œuvre commune. C'est en vain que le président voudrait s'y sous-
traire : il est le président du comité de rédaction, comme
il est le président du comité d'action ; et, malgré tous les
désaveux du monde, on ne saurait l'exonérer d'une responsabilité qui lui pèse.

Nous laisserons donc **M.** St-Gest exhaler ses plaintes

et confier son amertume aux roseaux de la *France du Nord*. Ses protestations nous touchent fort peu ; car, en combattant le *Progrès du Pas-de-Calais*, nous avons la conscience de remplir un des plus sérieux devoirs qui puisse nous incomber envers nos concitoyens.

Depuis deux mois qu'il existe, le *Progrès* a outragé de la manière la plus indigne la religion, ses ministres et les plus saintes pratiques du culte. Dans un autre ordre de choses, au point de vue des intérêts de la vie sociale et civile, il a préconisé contre les riches et contre tous ceux qui ne partagent point ses convictions, les mesures les plus violentes et les plus révolutionnaires.

Nous y avons répondu : voilà notre crime.

Qu'est-ce que M. St-Gest vient donc nous dire, en nous accusant, nous, d'exciter à la haine des citoyens les uns contre les autres ? N'est-ce pas lui, — c'était du moins quelqu'un des siens, — qui, l'autre jour, nous traitait d'*hyppopotame*, avec une grâce parfaite, plus une faute d'orthographe, pour nous donner un échantillon de la manière dont on sait, en République, enseigner à son prochain les lois de la fraternité !

Mais nous aurions tort de nous alarmer. Tout le mal que dit et que fait le *Progrès* républicain, « l'avenir de misères et de malheurs » que ses prédications insensées nous présagent, tout cela doit rester inoffensif ; car, de même qu'autrefois le grand Lamartine, ainsi de nos jours M. St-Gest, économe de l'hospice, « conspire avec la foudre ; » et toutes les menaces de l'avenir seront infailliblement conjurées.

Dormons donc en paix sur l'oreiller de la confiance, en répétant le vers de la Bucolique :

O Meliboœ, Deus nobis hæc otia fecit !

VIII

La pièce suivante a paru dans la *France du Nord* du 26 janvier :

Monsieur le Rédacteur,

Je recours de nouveau à votre complaisance pour l'insertion de la lettre ci-incluse dans votre journal.

*A Monsieur le Rédacteur en chef du journal l'*Impartial.

Monsieur l'Abbé Haigneré (1),

En l'absence de M. le Sous Préfet, remplissant les fonctions d'intendant militaire, appelé instantanément au chef-lieu du département pour affaires de service, et aussi à cause du départ, fixé au lendemain, du bataillon de Boulogne, j'ai dû prononcer quelques mots d'encouragement et de fraternité devant les troupes assemblées, en faisant la remise d'un fanion qui leur était offert par trois cent vingt-six des membres du Comité Républicain de notre ville.

La forme de cette allocution beaucoup trop peu littéraire vous a déplu, et pour faire la démonstration de ce qu'elle renferme de contraire aux règles du bien dire, vous vous êtes livré à un travail d'assommoir que vous auriez mieux fait de laisser au premier cuistre ou pédant venu.

Cependant si vous n'avez agi que dans la louable intention de me donner une leçon de style dont je puisse tirer profit plus tard, vous avez perdu votre temps, qui eût été mieux employé en méditations religieuses que vous commande l'habit que vous portez ; et la peine que vous vous

(1) Cette lettre n'est jamais parvenue aux mains de celui à qui M. St-Gest prétend l'avoir adressée.

donnez à mon égard est d'autant plus inutile que je prose peu et que je n'écris jamais (1).

Quand je suis contraint à quelque travail, je rassemble mes idées, et mes seuls efforts tendent à les rendre intelligibles pour tous, je ne fais pas plus que cela, et comme cette façon de parler et d'écrire m'a toujours réussi, moins cette fois, grâce à vous, mon très-aimable Abbé, je ne veux pas me remettre sur les bancs de l'école.

Quoiqu'il en soit, je dois vous l'avouer, si j'étais accessible à la crainte, vous me feriez peur. En vous voyant tourner et retourner mots et phrases, je me suis rappelé cette observation saisissante d'un de nos plus éminents magistrats, à l'occasion, je crois, d'une accusation criminelle : que six lignes d'écriture les plus inoffensives suffiraient à un habile coquin pour faire pendre celui qui les aurait produites.

Seriez-vous de cette force, monsieur l'Abbé ?

Il ne me resterait plus que l'espoir de vous voir, pour ma tranquillité et le salut de votre âme, reprendre en état de sincère repentir le chemin de Jérusalem.

St-Gest.

(1) On lit dans la *France du Nord* du 29 janvier :

    « Monsieur l'Editeur,

« Ne serait-ce que pour cet abbé si pointu, obligez-moi de « relever dans votre journal de ce jour une faute d'impression « que vous avez faite dans ma lettre insérée jeudi dernier.

« J'ai dit : *Je parle peu et je n'écris jamais.*

« Vous me faites dire : Je prose peu et n'écris jamais, ce « qui me paraît inintelligible.

« A vous, ST-GEST ».

M. St-Gest nous gâte ici M. St-Gest : Je *prose* peu était excessivement joli !

IX

Réplique de l'*Impartial*, le 28 janvier .

De nouvelles personnalités à notre adresse (1) dans le *Progrès* nous remémorent une nouvelle lettre de M. St-Gest, que sans cela nous aurions laissé dormir dans le giron de la *France du Nord*.

M. l'économe de l'hospice de Boulogne, président du comité républicain, y explique pourquoi il s'est ingéré d'aller faire une harangue aux mobilisés : « En l'absence, dit-il, de M. le Sous-Préfet, remplissant les fonctions d'intendant militaire, appelé instantanément au chef-lieu du département pour affaires de service, et aussi à cause du départ fixé au lendemain du bataillon de Boulogne, j'ai dû prononcer quelques mots d'encouragement et de fraternité devant les troupes assemblées, en faisant la remise d'un fanion qui leur était offert par 326 des membres du comité Républicain de notre ville. »

Tout cela est bel et bien, mais tout cela ne nous expli-

---

(1) On ne reproduira pas ici toutes les vilenies auxquelles cet article fait allusion. Qu'il suffise de savoir que M. l'abbé Haigneré y était dénoncé presque chaque jour comme « rédac-« teur en chef de l'*Impartial*, archiviste *appointé* de la ville de « Boulogne, et, par conséquent, employé municipal, émar-« geant au budget d'icelle ; » — comme « un de ces engrais-« sés de la sueur publique, dont on ne comprend pas l'ingé-« rence dans les questions intéressant le peuple qui paie ; » — et, dans la *France du Nord* du 29, on disait crûment que ses services seraient mieux appréciés aux ambulances qu'ils ne l'étaient « AUX ARCHIVES. »

que pas pourquoi ce fut précisément M. St-Gest qui *dut* remplacer M. le sous-préfet (1).

Si c'est en qualité de républicain, nous pouvons dire, sans lui faire tort, qu'il doit y en avoir de meilleurs et de plus comptables que lui. Ne sait-on pas qu'il a prêté serment jadis à Louis-Philippe ; que membre du conseil municipal de Boulogne, il a signé en 1851 une adresse de félicitations au Président de la République, *à l'occasion du* coup d'état ; qu'en 1852 et en 1853, il a participé à d'autres actes politiques de même nature, et prêté à l'Empereur un serment que plusieurs de ses anciens

(1) L'auteur de l'article ignorait alors, mais les agissements de la Commune de Paris ont pu lui apprendre, que les *clubs* (en province on dit *les comités*) sont l'un des rouages les plus indispensables de la machine républicaine. En tant qu'ils s'adressent aux masses, les *clubs* sont des *initiateurs*. C'est là que les dociles et passifs instruments de la révolution sociale vont chercher des inspirations et prendre le mot d'ordre. Mais, d'autre part, dans leurs rapports avec les représentants de l'autorité administrative, les *clubs* sont des *puissances dirigeantes*. Lorsqu'ils n'ont pas l'audace de se substituer au pouvoir, comme l'a fait le *Comité républicain* de Boulogne, lequel, en l'absence de M. Lagache, Sous-Préfet, est parti de la Sous-Préfecture pour aller présenter le *Fanion noir* aux Mobilisés, — lorsqu'ils n'agissent pas ainsi, directement, on peut être sûr qu'ils sont cachés derrière les *Pupazzi* gouvernementaux, dont ils tirent les ficelles et par la bouche de qui ils fulminent des arrêtés, des ordonnances et des décrets. Les comités clubistes ont sur les autres corps délibérants cet avantage qu'ils se nomment eux-mêmes, tirent leur autorité d'eux-mêmes et n'en doivent rendre compte qu'à eux-mêmes. C'est là ce qui explique la grande influence de M. St-Gest. Voir l'ouvrage de M. G. Molinari, intitulé *les Clubs rouges de Paris*.

collègues ont refusé par égard pour leurs convictions, leurs principes et leur conscience (1)?

Pour présenter aux mobilisés le fanion noir de la république, il eût fallu suivant nous un vrai républicain, un homme de la veille, un de ces farouches qui ont toujours fait profession d'abhorrer les tyrans et qui jamais n'ont consenti à plier l'échine devant les puissants de la terre.

Si, du moins, en offrant à des militaires ce sinistre emblème de mort, le comité républicain avait délégué l'orateur pour aller le porter à la bataille..... mais se figure-t-on M. St-Gest à la bataille !

---

(1) « Le Conseil municipal de la ville de Boulogne, pénétré de reconnaissance pour l'immense service rendu à la société par les mesures de salut public (COUP D'ÉTAT), qui ont amené la grande manifestation des 20 et 21 décembre, charge M. le Maire de Boulogne d'exprimer au président de la République les sentiments dont il est animé et de lui faire connaître que son concours est assuré *à toutes les mesures* que réclamera l'intérêt de la France ».

Tel est le texte de l'adresse adoptée le 26 décembre 1851 par 13 membres sur 16 présents à la séance. M. St-Gest a signé, lui 13e, chiffre fatal qui le prédestinait au *fanion noir*.

EPILOGUE.

On chercherait en vain aucun autre document écrit sur les destinées du *Fanion noir*. Les Mobilisés l'emportèrent à Hesdin, mais on ne le vit point. Une fois qu'on fut hors de la portée des yeux de M. St-Gest, le commandant du bataillon ne crut pas, sans doute, fort nécessaire d'arborer cette lugubre bannière. On dit même qu'après le vote du 8 février, il renvoya cet emblême au comité républicain, pour qu'on le suspendît au mur, dans la salle des séances, au-dessus du fauteuil du président.

Quoi qu'il en soit, il y a des gens qui vont plus loin et qui attribuent à ce *Fanion* un exploit bien autrement belliqueux, dont l'effet eût été de sauver la République, si cette Mégère qui assassinait alors la France et jetait deux mille millions par les fenêtres, eût pu être sauvée :

Trojaque nunc stares, Priamique arx alta maneres !

On était à la veille de la chute du Tyran de Tours. Paris venait de poser les armes. La province, trop longtemps abusée par les mensonges officiels qu'on lui débitait chaque jour, commençait enfin à s'apercevoir que, sous prétexte de guerre à outrance, une poignée de bohêmes politiques menait directement le pays aux abîmes. Un revirement complet se fit graduellement dans l'opinion. En dehors de la minorité infime qui s'enivrait de l'idée Communeuse, et qui attendait avec impatience l'arrivée du *grand jour* prédit par les clubistes, tout le monde voulait la paix.

Depuis quelques semaines la presse osait le dire, ou du moins l'insinuer et le faire entendre, au risque de soulever contre elle toutes les rancuneuses colères du Gambettisme. L'*Impartial*, en cette circonstance, ne fut pas infidèle à sa mission ; mais il avait contre lui le *Fanion noir*, et à la veille des élections, les candidatures officielles étant abolies, certaines personnes pensèrent qu'il était bon de frapper un grand coup, qui apprît aux fonctionnaires publics à ne point se mêler des affaires de leurs supérieurs, — autrement, bien entendu, que pour les approuver, en y applaudissant de toutes leurs forces. Un employé n'est pas un citoyen, c'est, comme chez les anciens romains, la chose du maître, *Res, Mancipium*. Ainsi le veut la loi (1), la République et la basoche ; ainsi le voulut M. D. Henry , avocat, docteur en droit, conseiller général pour le canton Nord, puis Maire de Boulogne, sous l'autorité des hommes du 4 Septembre. Voici la lettre qu'il écrivit à M. l'abbé Haigneré. Nous la donnons avec les passages soulignés par M. Henry lui-même :

____

(1) Hunc ego hominem ex jure Quiritium meum esse aio. *(Boeth. in Top. Cicer. ex Caio lib. I. Institution.)*

<table>
<tr><td>

MAIRIE
de
BOULOGNE·SUR·MER
(Pas-de-Calais).
—
No 43,689.

</td><td>

Boulogne, le 31 janvier 1871.

</td></tr>
</table>

A Monsieur l'Abbé Haigneré,
archiviste de la ville.

Monsieur,

En acceptant l'honneur et la charge de devenir Maire de Boulogne au refus de mon honorable prédécesseur de continuer ses fonctions, je n'ai agi qu'en vue d'aider de tout mon pouvoir le Gouvernement de la défense nationale dans ses efforts pour sauver le Pays. Comme citoyen, je puis admettre et respecter l'opinion de ceux qui, dans la sincérité de leurs convictions, se sont posés en adversaires des hommes qui représentent ce Gouvernement et des mesures qu'il a prises et est appelé à prendre encore. Mais, comme officier Municipal, j'ai d'autres devoirs, et je considère qu'il ne m'est point permis de maintenir des employés qui, au lieu d'être mes auxiliaires, se *sont donné la mission*, DEVANT LE PUBLIC, *d'attaquer* le caractère et de détruire l'autorité d'un Gouvernement que je m'applique à aider et à servir.

Or, vous ne pouvez méconnaître, Monsieur, que tel ait été le Rôle de l'*Impartial*, surtout dans ses derniers numéros. Et si, comme je suis autorisé à le croire, c'est à vous qu'en appartient la direction, vous saurez assez faire abstraction de vos préoccupations personnelles pour comprendre que je ne puis davantage, sans compromettre la cause que je défends et donner lieu à suspecter mon caractère, vous maintenir désormais au nombre des employés de la Mairie.

Je regrette que vous n'ayez pas apprécié vous-même ce qu'il y avait d'incompatible entre les deux fonctions que vous remplissez, et que vous m'ayez mis dans la nécessité de prendre, pour la faire cesser, une initiative qui me coûte d'autant plus que ceux-là qui ne me connaissent point en manqueront pas de l'attribuer à une autre cause.

Recevez, Monsieur, l'assurance de mes sentiments distingués.

Le Maire de Boulogne,

D. HENRY.

P. S. — Je mets à votre disposition, Monsieur, le traitement afférent au mois de Février. Vous en toucherez le montant à la fin de ce mois.

Je vous prie de vouloir bien, dès demain, remettre votre service et les clefs des archives aux mains de M. Capet, chef de bureau de la Mairie, auquel j'écris spécialement pour cet objet.

Celui qu'on frappait ainsi n'avait rien à répondre et il ne répondit rien à la lettre de M. Henry. Appelé aux archives par M. Louis Fontaine, maire de Boulogne, le 16 septembre 1853, il s'était vu confirmé et maintenu dans son emploi, avec l'approbation du ministère de l'intérieur, sous les administrations successives de MM. Al Adam, B. Gosselin et Dr Livois. M. Henry avait bien voulu l'y tolérer depuis son entrée à l'Hôtel-de-Ville, et l'on a droit de s'étonner que, pour lui en fermer la porte il ait choisi précisément la veille du jour où lui-même allait en sortir.

Cependant la lettre du 31 janvier eut un corollaire que nous ne pouvons passer sous silence. Dans sa séance du 4 février, le Conseil municipal, par l'organe de M. Faverot, ayant demandé des explications à M. Henry sur la révocation de l'archiviste, voici ce que daigna répondre l'avocat que le préfet du 4 Septembre avait imposé comme maire à la ville de Boulogne :

*Extrait des délibérations du Conseil municipal de
Boulogne (séance du 4 février).*

M. l'abbé Haigneré s'est donné la mission devant le
public d'attaquer sur toutes choses le gouvernement de la
défense nationale et de discréditer l'autorité qui en relève.

M. le Maire tient en estime les adversaires qui discutent
même avec passion pour la défense d'un principe et
d'une cause.

Si même M. l'abbé Haigneré s'était borné à exprimer
seulement ses opinions personnelles, M. le Maire, tout en
regrettant peut-être une pareille attitude, n'eût pas
réclamé. Mais, en se faisant journaliste, en suscitant,
comme il l'a fait, de véritables embarras à l'administration
municipale (1), dans la difficile mission qu'elle remplit
au milieu des calamités qui affligent notre patrie, M.
l'archiviste ne pouvait conserver son emploi municipal (2).

M. Faverot a cru excuser M. Haigneré, en disant que
cet ecclésiastique n'a jamais signé ses articles. Cela est
vrai. M. Haigneré ne se borne pas à écrire des articles
qu'il ne signe jamais (3, mais il donne la direction (4)
à un journal où les hommes et les choses du gouvernement sont constamment insultés. Si M. Haigneré, malgré
toutes ces circonstances, avait nié près de M. le Maire sa

(1) Quels embarras ? Les réclamations de M. St-Gest et les
dénonciations de la *France du Nord ?*

(2) Tout cela n'est qu'antithèse et cliquetis de mots. Il n'**y**
a personne qui n'ait rendu justice à l'attitude excessivement
modérée que l'*Impartial* a observée vis-à-vis de l'administration locale, pendant toute la durée de la guerre.

(3) Comment savoir, alors, quels étaient les articles dont il
pouvait être l'auteur ?

(4) Cette assertion est purement gratuite. M. l'abbé Haigneré n'a jamais eu, à proprement parler et dans le sens
exprimé ici par M. Henry, la DIRECTION de l'*Impartial*.

participation à une telle œuvre, ce magistrat l'eût cru (1).

Le Conseil municipal, ajoute M. le Maire, appréciera si j'ai rempli mon devoir en magistrat honnête.

M. Faverot dit que ce n'est pas moins pour un acte d'indépendance que ce fonctionnaire a été révoqué. L'orateur rappelle qu'à une autre époque un fonctionnaire de la ville, M. ***, rédigeait aussi un journal dans lequel l'administration municipale était parfois attaquée. Et cependant il n'a pas été inquiété dans sa position. M. Adam, maire, n'a jamais voulu écouter les plaintes formulées près de lui sur ce sujet.

M. Faverot observe que beaucoup de personnes qui portent estime à M. le Maire regrettent la mesure prise à l'égard de l'archiviste.

M. le Maire déclare qu'au-dessus de cette estime il place son devoir.

En effet, les élections étaient proches et il devenait chaque jour plus urgent de bien mériter de la démocratie boulonnaise, en vengeant les injures de la République, en soutenant l'honneur du *Fanion noir*, et en montrant à M. St-Gest, président du Comité électoral républicain, que les « supérieurs civils » du condamnable archiviste lisaient les articles de l'*Impartial* et ne les approuvaient point !

---

(1) « Il l'eût cru, *sans preuves*, sur une simple négation, comme il croyait le contraire, *sans preuves*, sur la simple affirmation des ennemis personnels de M. l'abbé Haigneré ! Quelle légèreté !

Boulogne, — Imp. de Ch. Aigre, 4, rue des Vieillards.